सामाजिक कुरीतियाँ

अपूर्वा सिंह

BlueRose ONE.com
Stories Matter
NewDelhi • London

BLUEROSE PUBLISHERS
India | U.K.

Copyright © Apoorva Singh 2024

All rights reserved by author. No part of this publication may be reproduced, stored in a retrieval system or transmitted in any form or by any means, electronic, mechanical, photocopying, recording or otherwise, without the prior permission of the author. Although every precaution has been taken to verify the accuracy of the information contained herein, the publisher assumes no responsibility for any errors or omissions. No liability is assumed for damages that may result from the use of information contained within.

BlueRose Publishers takes no responsibility for any damages, losses, or liabilities that may arise from the use or misuse of the information, products, or services provided in this publication.

For permissions requests or inquiries regarding this publication, please contact:

BLUEROSE PUBLISHERS
www.BlueRoseONE.com
info@bluerosepublishers.com
+91 8882 898 898
+4407342408967

ISBN: 978-93-6261-442-1

Cover design: Shivani
Typesetting: Rohit

First Edition: September 2024

अनुक्रमणिका

क्यों हो जाती हैं बेटियाँ पराई 1

मुझे मार दिया गया 3

कलम की ताकत 4

छिन्न-भिन्न नीड़ हमारा 5

जीवन दाता- किसान 7

एक कहानी 9

एक स्वप्न जो मैंने देखा 10

आज सवेरे 11

बेटियाँ तो महान हैं 12

कैद में जीवन 14

वो गरीब 15

बेटा बनना है मुझे 16

मधुर वसंत 17

मैं जिंदा हूँ माँ 18

क्यों हो जाती हैं बेटियाँ पराई

विदा होकर जब चली जाऊँगी
मां-बाबा आपको ही याद आऊँगी
पाल पोसकर बड़ा किया आपने
आपको ही रोता छोड़ जाऊँगी
याद तो सभी करेंगे मुझे
पर आपका दिल तोड़ जाऊँगी
आपके आँगन की कली हूँ मैं
खाली आपका आँगन कर जाऊँगी
सूना आपका घर हो जायेगा
जब डोली मेरी उठेगी
तब आँखें आपकी झरेंगी
चिड़ियाँ चहकेंगीं कलियाँ खिलेंगी
एहसास मेरा उनमें पाओगे आप
होती बेटियाँ घर की अनमोल निधि
खुश रहने की यही हैं विधि
जाने क्यों हो जाती हैं बेटियाँ पराई
न जाने यह रीत ऐसी किसने बनाई
रोता माँ बाबा को छोड़ जाती हैं
खुशियाँ ढेरों दूसरे घर में आती हैं

एक कुल में जन्म कर
दूसरे कुल की खुशियाँ बढ़ाती हैं
घर अपना छोड़कर, एक नया बसेरा बनाती हैं
जाने क्यों बेटियाँ पराई हो जाती हैं।

मुझे मार दिया गया

खाकर धोखा मुस्कराना मुश्किल है
ठोकर खाकर उठना मुश्किल है
जीवन मानकर अपना भुलाना मुश्किल है
अपना कर पराया करना मुश्किल है
दर्द दिल के सहना मुश्किल है
राहें दुर्गम पथों की मुश्किल हैं
सुराख पत्थरों में करने मुश्किल हैं
मुश्किल हैं वे राहें
मुश्किल हैं वे चौराहें
बनकर अपने अपनों नें लूटा
अपना समझा साथ उनका भी टूटा
क्यों बेटी होना पाप है
इतना बड़ा ये अभिशाप है
कहकर पिताजी नें यह ठुकरा दिया
"अरे! यह तो बेटी है"
आई थी जहाँ से
विदा वहीं को कर दिया
जन्म न लेने मुझे दिया गया
बेटा न बनने मुझे दिया गया
अभिशप्त मुझे करार दिया गया
माँ की कोख में ही मुझे मार दिया गया

कलम की ताकत

कलम की ताकत को किसी नें नहीं है जाना
कलम की ताकत को किसी ने नहीं है पहचाना
होती तलवार की ताकत से भी ज्यादा
करती है ज़ख्म तलवार से भी आधा
पर असर छोड़ती कहीं अधिक ज्यादा
घाव तलवार का भर भी जाता
घाव कलम का छोड़ जाता निशां
मरहम लगा न पता जहां
हैं शब्द अचूक औषधि एक
पर करते हैं यह घाव अनेक
समझा जाता शब्दों से निरा ज्ञानी
समझ नहीं शब्दों की जिसको
कहते सभी अज्ञानी उसको
शब्दों से है ताकत कलम की
करते हैं ऐसा घाव
वार न इनका रहता खाली कभी
निशाने होते इसके अचूक सभी
इसलिए ताकत कलम की है अपार
संयम, विवेक बुद्धि चाहिए इन पर

छिन्न-भिन्न नीड़ हमारा

कैसे गुनाहों की हमको सजा दी
बेबफाई का ये आलम है कि
छिन्न-भिन्न हो गए नीड़ हमारे
जीवन भर साथ दिया जिनका हमने
पराया कर दिया उन्होनें हमको
ज़ख्मों पे मरहम लगाने की बजाए
कैसे दर्द दिए हैं अपनों ने हमको
उठाकर बोझ गृहस्थी का
बूढ़े हो गये हैं, थक गये हैं हम
सींचा है प्यार से वृक्ष को इस
पात-पात हो गई दूर इससे
ख्वाबों की तरह बिखर गये आकर
चाहिए एक माली ऐसा
जो वृक्ष की इस डालों-पत्तों को
इसकी संजो सके यादों को
बसा सके नीड़ हमारा वापस
लौटा सके खोया हमारा सम्मान वापस
बसा सके नीड़ हमारा वापस
प्यार की इस नींव पर

प्यार की कर सके इमारत एक खड़ी
प्यार से सींचे नीड़ को इस
उठा सके अपने जवान कंधों पर
थकी हारी इस गृहस्थी का बोझ

जीवन दाता- किसान

दिन भर धूप में हाड़ कंपाता है वो
सर्दी, गर्मी, बरसात में भी फसल उगाता है वो
दुनिया के खाने को अन्न उपजाता है वो
धरती पुत्र किसान कहलाता है वो
बड़े से बड़ों को जिलाता है वो
बड़े से बड़ों को बनाता है वो
फिर भी यथेष्ठ सम्मान नहीं पाता है वो
तपाकर खुद को प्रकृति की मार से
पेट दुनिया का भर पाता है वो
पर उस धरा पुत्र का कोई जीवन नहीं?
क्या जीवन के प्रति उसकी कोई आस नहीं?
सम्मान को अपने पाने की इच्छा नहीं?
अफ़सर बाबुओं की तरह उसका भी है परिवार
अपनी घर-गृहस्थी चलाता है वह भी
चूल्हों को उसके रहती आग की दरकरार
बच्चों को उसके हैं ढेरों आस
रहकर प्रकृति की गोद में
समाज में खो देता है वो सम्मान
इतने पर भी नहीं समझता उसको कोई महान
किसान सुता होने का गर्व है मुझको
पिताजी के किसान होने का गर्व है मुझको

दुख पिताजी को खोने का है मुझको
लेकिन फिर सोचती हूँ
व्यर्थ नहीं जाना चाहिए उनका आत्म बलिदान
तभी तो हर किसान होता है महान

एक कहानी

कहानी में कुछ है नहीं
कहने को कुछ भी नहीं
जो बता सकूँ दुनिया को मैं
हूँ सुदेश रणधीर सुता मैं
है कैलाश जैसे इरादों की
कैलाशो दादी मेरे पास
देवों की माता का रूप हैं
बहन मेरी अदिति
कृष्ण जैसे भाई हैं असित
ताऊ-ताई की लाड़ली हूँ मैं
ताई के बगीचे की कुसुम हूँ मैं
धर्म में वीर ताऊ की उम्मीद हूँ मैं
बस क्या और बताऊँ मैं?
रहना सीमा में सिखाती है बहन छोटी
दूर रहकर भी याद अनिकेत की
मचा देती है हलचल दिल में
बस यही छोटा सा परिवार है मेरा
सदैव जहाँ बसता है दिल मेरा
ऐसे ही उन्मुक्त गेह में बसेरा है मेरा

एक स्वप्न जो मैंने देखा

सूरज की किरणें पड़ीं पत्तों पर
चिड़ियों की कुछ ज्यादा ही चहक
पक्षियों का मधुर करलव था
नदियों का मधुप कल-कल था
मौसम आज ज़्यादा सुहाना था
सर्दियों के बाद फिजाओं में दीवानापन था
पेड़ों की सरसराहट में, फूलों की खुशबुओं में
आज ज़्यादा ही हसीनापन था
आज यह वही पल था
मौसम में जब आगमन वसंत का हुआ था
पुष्पों की कलियाँ महक उठीं
चिड़ियाँ ज़्यादा ही चहक उठीं
पीली सरसों ने भी ली अंगड़ाई
आखिरी दिन सर्दी ने भी ली बिदाई
पेड़ नें गुलाबों के झुककर कहा मुझसे
आकर बाहर निहार लो वसंत को
खो जाओ मदहोश में इसके
तानों को छेड़ दो इसके
तभी टूटा अचानक एक स्वप्न
जो था देखा मैंने
क्या प्रकृति बिखेर सकती रंग उतने,
बचपन में पेड़ों-पत्तों में भरे रंग हमने?

आज सवेरे

आज सवेरे देखकर उसे दरवाजे पर
पता नहीं क्यों भर आया दिल मेरा
जोड़कर हाथ किया शुक्रिया भगवान का
जीवन में उसके एक तारा था रोशन
सूरज ने जीवन में मेरे बिखेरे रंग ढेरों
गरीबों के जीवन का महत्व नहीं क्या?
सामने हाथी के जीवन के चींटी का महत्व नहीं?
माना बाँट दिया दो भागों में समाज को हमनें
पर क्यों गरीबों को पत्थर दिल कहा
पैसे पास अगर गरीबों के होते
तो वह भी आज महान होते
जो पैसा खर्च करता है जितना
बन जाता है वह महान उतना
परिवार में जन्म लिया ऐसे मैंने
चाहूँ जितना खर्च करूँ पैसे उतने
दर्द को जानता वही बीतती है जिसपे
दुख को पहचानता वही पास है जिसके
कोशिश लाख करके भी नहीं
जान सकती दुख, दर्द उनका मैं
समझा एक सबक आज मैंने
छत, परिवार है जिनके
भाग्यशाली होते हैं वो ही उतने

बेटियाँ तो महान हैं

जब-जब मैंने आँखें खोलीं
मुहँ से माँ-माँ की ही निकली बोली
जब-जब रोई मैं,
तुम में ही खोई मैं
पर जब असलियत जानी
तब-तब निकली पिता की ही बानी
माँ बनकर उन्होंने ही मुझे संभाला
फिर चुपके से दिल को खंगाला
माँ-माँ का ही स्वर पाया उन्होंने
फिर एक बड़ा सच बताया उन्होंने
तुम्हारी माँ को बनाया जिन्होंने
अपने ही पास बुलाया उन्होंने
गुण को उन्होंने मेरे पहचाना
कभी न मुझे बेटे से कम माना
फिर मुझे एक नई दिशा दिखलाई
मेरे भीतर एक नई ज्योति जलाई
पकड़कर हाथ मेरा सही राह पर लाए वो
बात बड़ी पते की बताई उन्होंने
बेटी कुछ नहीं है माँगा जिन्होंने
नाम उनका रोशन करना ऐसे
उनका बीटा हो तुम जैसे

काम ऐसे महान करना
जग में रोशन उनका नाम करना
बेटियाँ हैं नहीं बोझ किसी पर
बेटियाँ तो वरदान हैं
बेटियाँ ही तो भविष्य हैं
और बेटियाँ ही तो महान हैं।

कैद में जीवन

जन्में ही थे हम कैद में,
बीत गया जीवन यूं ही कैद में,
खा कर चाबुक जीवन बिताया,
इशारों पर नाच कर सबको हँसाया
बच्चों की निःछल हंसी देख कर मुस्कराया
आज़ाद पंछियों को देख कर फड़फड़ाया,
चार दीवारी में बीता जीवन याद आया,
यही घर द्वार है मेरा याद आया,
कैद कर मुझे इंसान इठलाया,
नियति नें भी अपना चक्र चलाया
कैद होने का क्रम इंसान का आया,
जब प्रकृति नें विनाश मचाया,
अंत अपना इंसान को नज़र आया,
अंत पाकर अपना क्यों इंसान घबराया?
बंदी जीवन जीने को इंसान विवश नज़र आया,
प्रकृति पर किया अत्याचार फिर भी नज़र ना आया
प्रकृति नें भी अपना प्रतिशोध लेने की ठानी,
क्या उपाय कर सकेंगें पढ़ें-लिखे ज्ञानी?
चेतना अब भी ना जागी तो धिक्कार है,
प्रकृति पर हे मनुष्य! तेरा क्या अधिकार है?
जन्म दात्री के विनाश हेतु धिक्कार है,
धिक्कार है, धिक्कार है, धिक्कार है!!

वो गरीब

किस्मत नहीं है जिनके पास
कोई भी नहीं है उनको आस
क्यों नहीं है पैसा उनके पास
कंधों पर है बोझ जिनके
अक्सर बंद रहते हैं चूल्हे उनके
छत अपनी पास नहीं है उनके
सोते हैं बच्चे उनके भूखे
सरकार नहीं निभाती वादा कोई
अधूरा रह जाता है सपना हर कोई
किस्मत भी रहती है उनकी सोई-सोई
उजाला वो नहीं देख पाते
पत्थरों में सुराख नहीं कर पाते
रह जाते हैं गरीबी में भूखे प्यासे
जन्मदिन यूं ही आकार चले हैं जाते
आस कोई अपनी पूरी नहीं कर पाते
कपड़ा उनका और मेरा फ़र्क कर जाता
चाहकर भी कोई उनकी मद्द नहीं कर पाता
यही देख मुझको गुस्सा आता
दुख बाँटना भी न मिल पाता
बस इसी तरह हर गरीब अपना जीवन जीता जाता

बेटा बनना है मुझे

सूरज की किरणों को देखा है मैंने
नभ में ऊँचा उठना सीखा है मैंने
तारों भरा आँचल देखा है मैंने
आज सवेरा होता देखा है मैंने
अंधेरे को चीरती उम्मीद को देखा है मैंने
दुनिया के गोल अंधेरे में
जलता दीपक देखा है मैंने
बिगड़ते कामों को देखा है मैंने
लड़कियों को मिले तानों को सुन है मैंने
औरतों पर ज़ुल्म होते देखा है मैंने
पर लड़कों को माँ-बाप पर
ज़ुल्म करते देखा है मैंने
ऐसे समय पर बेटियों को बेटा बनते देखा है मैंने
बेटे की जिम्मेदारियों को समझना सिखा है मैंने
अपने आप को कोसा है मैंने
माता-पिता का बेटा बनना है मुझे
अभी और ऊँचा उठना है मुझे
सूरज की उचाइयों को छूना है मुझे
माँ-बाप के बुढ़ापे की लाठी और उनका बेटा बनना है मुझे

मधुर वसंत

झर-झर झरना बहता है
कल-कल नदी बहती है
जब सूरज नभ में होता है
पवन तब ठंडी-ठंडी होती है
तब-तब पंछी अपना राग सुनाते हैं
तब-तब कोयल अपना गीत गुनगुनाती है
पत्ते जब अपना राग बताते हैं
तब पेड़ मधुर गीत अलपाते हैं
तब मौसम का यह रूप वसंत कहलाता है
वन तब खुद ही खुद इठलाता है
वनराज (तब) मंद-मंद मुस्कराता है
वन की शोभा को नित बढ़ाता है
तभी तो पूर्णतः वसंत आता है
जब पंचमी का दिन आता है
सवा महीना होली का रह जाता है
इसलिए वसंत ऋतुओं का राजा कहलाता है
पर जब इस यौवन का अंत आता है
तब वन धीरे-धीरे मुरझाता है
जब फूल सारे झड़ जाते हैं
सारे जंगल वीरान हो जाते हैं
तब मौसम पतझड़ का आता है
तब इंतजार अगले वसंत का रह जाता है

मैं जिंदा हूँ माँ

आज भी मैं जिंदा हूँ माँ
तेरी हर याद में
तेरी हर बात में
मैं आज भी जिंदा हूँ माँ
तेरे हर उस प्यार में
तेरे हर उस दुलार में
आज भी जिंदा हूँ मैं माँ
मैं आज भी जिंदा हूँ माँ
दोस्तों की उस पुकार में
दोस्तों के उस दुलार में
दोस्तों के उस व्यवहार में
मैं आज भी जिंदा हूँ माँ
अपने दिल की उस तन्हाई को देख
अपने दिल की हर आस को देख
आज भी मैं जिंदा हूँ माँ
दिल की गहराई में तो देख
अपने हाल पे तो झाँक
आज भी मैं जिंदा हूँ माँ
यूं आसूँ ना तुम बहाओ
यूं ना तुम मुझे रुलाओ
बस एक छोटी सी पुकार तो लगाओ

मैं तुम्हारे ही तो दिल में हूँ माँ
यूं ना तुम दिल बहलाओ
बस एक छोटी सी पुकार लगाओ
अपने पास ही मुझको बुलाओ माँ
आज भी मैं जिंदा हूँ माँ
मैं आज भी ज़िंदी हूँ माँ

www.ingramcontent.com/pod-product-compliance
Lightning Source LLC
LaVergne TN
LVHW041644070526
838199LV00053B/3558
9789362614421